¡Nuestra maravillosa Tierra!

CAÑONES

Tanner Billings
Traducido por Diana Osorio

Please visit our website, www.garethstevens.com.
For a free color catalog of all our high-quality books, call toll free 1-800-542-2595 or fax 1-877-542-2596.

Library of Congress Cataloging-in-Publication Data
Names: Billings, Tanner, author.
Title: Cañones / Tanner Billings.
Description: New York : Gareth Stevens Publishing, [2023] | Series: ¡Nuestra maravillosa Tierra! | Includes index.
Identifiers: LCCN 2021039104 | ISBN 9781538275849 (Set) | ISBN 9781538275856 (Library Binding) | ISBN 9781538275832 (Paperback) | ISBN 9781538275863 (eBook)
Subjects: LCSH: Canyons–Juvenile literature.
Classification: LCC GB562 .B5 2023 | DDC 551.44/2–dc23
LC record available at https://lccn.loc.gov/2021039104

Published in 2023 by
Gareth Stevens Publishing
29 East 21st Street
New York, NY 10010

Copyright © 2023 Gareth Stevens Publishing

Translator: Diana Osorio
Editor, Spanish: Diana Osorio
Editor, English: Kate Mikoley
Designer: Tanya Dellaccio

Photo credits: Cover Johnny Adolphson/Shutterstock.com; p. 5 Alexey Oblov/Shutterstock.com; p. 7 corlaffra/Shutterstock.com; p. 9 Meiqianbao/Shutterstock.com; p. 11 Gestur Gislason/Shutterstock.com; p. 13 silky/Shutterstock.com; p. 15 Anton_Ivanov/Shutterstock.com; p. 17 Damsea/Shutterstock.com; p. 19 Yongyut Kumsri/Shutterstock.com; p. 21 canadastock/Shutterstock.com; p. 23 Natural inspiration too/Shutterstock.com.

All rights reserved. No part of this book may be reproduced in any form without permission in writing from the publisher, except by a reviewer.

Printed in the United States of America

CPSIA compliance information: Batch #CSGS23: For further information contact Gareth Stevens, New York, New York at 1-800-542-2595.

Contenido

Grandes cañones. 4

¿Cómo se forma un cañón?. . 12

Cañones submarinos 16

¡Visita a un cañón!. 18

Palabras que debes aprender . 24

Índice 24

Un cañón es
un inmenso desnivel
en la tierra.

¡Algunos son enormes!

Son profundos.
El más profundo
está en la China.

Las laderas del cañón
son empinadas.
Van hacia arriba.

El agua
atraviesa la roca.
Esto forma los cañones.

Tarda muchos
años en formarse.

Algunos cañones están en el agua.

17

Puedes ir
a ver un cañón.
Hay muchos
en los parques.

El Gran Cañón
es uno de ellos.
Es muy grande.

¡Vayamos a
ver un cañón!

Palabras que debes aprender

roca

agua

Índice

agua, 12, 16   parques, 18
China, 8   roca, 12

24